FÜR DAS
Geburtstagskind:

EIN GÄSTEBUCH ZUR ERINNERUNG AN DEINEN BESONDEREN TAG!

....
ORT & DATUM

better notes

© Better Notes · Kochhannstr. 30 · 10249 Berlin · info@betternotes.de · www.betternotes.de
Autor und Umschlaggestaltung: Ilya Malyanov / ilyamalyanov.com

Name:

....

Die besten Glückwünsche:

....
....
....
....
....
....
....
....
....

Das schönste Foto:

Das schönste Foto:

Name:

....

Die besten Glückwünsche:

Das schönste Foto:

Name:

....

Die besten Glückwünsche:

....
....
....
....
....
....
....
....
....

Das schönste Foto:

Name:

....

Die besten Glückwünsche:

....
....
....
....
....
....
....
....
....

Das schönste Foto:

Name:

....

Die besten Glückwünsche:

....
....
....
....
....
....
....
....
....

Das schönste Foto:

Name:

....

Die besten Glückwünsche:

Das schönste Foto:

Name:
....

Die besten Glückwünsche:

Das schönste Foto:

Name:

....

Die besten Glückwünsche:

....
....
....
....
....
....
....
....

Das schönste Foto:

Name:

....

Die besten Glückwünsche:

....
....
....
....
....
....
....
....
....

Das schönste Foto:

Name:

....

Die besten Glückwünsche:

....
....
....
....
....
....
....
....
....

Das schönste Foto:

Name:

....

Die besten Glückwünsche:

....
....
....
....
....
....
....
....
....

Das schönste Foto:

Name:

....

Die besten Glückwünsche:

Das schönste Foto:

Name:

....

Die besten Glückwünsche:

Das schönste Foto:

Name:

....

Die besten Glückwünsche:

....
....
....
....
....
....
....
....
....

Das schönste Foto:

Name:

....

Die besten Glückwünsche:

Das schönste Foto:

Name:

Die besten Glückwünsche:

Das schönste Foto:

Name:

Die besten Glückwünsche:

Name:

....

Die besten Glückwünsche:

....
....
....
....
....
....
....
....

Das schönste Foto:

Das schönste Foto:

Name:

……………………………………………………………………

Die besten Glückwünsche:

……………………………………………………………………
……………………………………………………………………
……………………………………………………………………
……………………………………………………………………
……………………………………………………………………
……………………………………………………………………
……………………………………………………………………
……………………………………………………………………
……………………………………………………………………

Das schönste Foto:

Das schönste Foto:

Name:

....

Die besten Glückwünsche:

Das schönste Foto:

Name:

Die besten Glückwünsche:

Das schönste Foto:

Name:

....

Die besten Glückwünsche:

Das schönste Foto:

Name:
....

Die besten Glückwünsche:

....
....
....
....
....
....
....
....
....

Das schönste Foto:

Name:

Die besten Glückwünsche:

Das schönste Foto:

Name:

....

Die besten Glückwünsche:

....
....
....
....
....
....
....
....

Das schönste Foto:

Das schönste Foto:

Name:

....

Die besten Glückwünsche:

....
....
....
....
....
....
....
....
....

Das schönste Foto:

Name:

....

Die besten Glückwünsche:

Das schönste Foto:

Name:

....

Die besten Glückwünsche:

Das schönste Foto:

Name:

....

Die besten Glückwünsche:

Das schönste Foto:

Name:
....

Die besten Glückwünsche:
....
....
....
....
....
....
....
....
....

Das schönste Foto:

Name:

....

Die besten Glückwünsche:

Das schönste Foto:

Name:

....

Die besten Glückwünsche:

....
....
....
....
....
....
....
....
....

Das schönste Foto:

Name:

....

Die besten Glückwünsche:

....
....
....
....
....
....
....
....
....
....

Das schönste Foto:

Das schönste Foto:

Name:

Die besten Glückwünsche:

Das schönste Foto:

Name:

....

Die besten Glückwünsche:

Das schönste Foto:

Name:

....

Die besten Glückwünsche:

....
....
....
....
....
....
....
....
....

Printed in Poland
by Amazon Fulfillment
Poland Sp. z o.o., Wrocław